BEI GRIN MACHT SICH IHR WISSEN BEZAHLT

- Wir veröffentlichen Ihre Hausarbeit, Bachelor- und Masterarbeit

- Ihr eigenes eBook und Buch - weltweit in allen wichtigen Shops

- Verdienen Sie an jedem Verkauf

Jetzt bei www.GRIN.com hochladen und kostenlos publizieren

Georg Rabe

Sachunterricht / Interdisziplinäre Sachbildung

Band 2

Tilde Michels' 'Es klopft bei Wanja in der Nacht' - Eine Kinderbuchvorstellung

GRIN Verlag

Bibliografische Information der Deutschen Nationalbibliothek:

Die Deutsche Bibliothek verzeichnet diese Publikation in der Deutschen National-
bibliografie; detaillierte bibliografische Daten sind im Internet über http://dnb.d-
nb.de/ abrufbar.

Impressum:

Copyright © 2006 GRIN Verlag GmbH
Druck und Bindung: Books on Demand GmbH, Norderstedt Germany
ISBN: 978-3-656-56277-1

Dieses Buch bei GRIN:

http://www.grin.com/de/e-book/170086/tilde-michels-es-klopft-bei-wanja-in-der-
nacht-eine-kinderbuchvorstellung

GRIN - Your knowledge has value

Der GRIN Verlag publiziert seit 1998 wissenschaftliche Arbeiten von Studenten, Hochschullehrern und anderen Akademikern als eBook und gedrucktes Buch. Die Verlagswebsite www.grin.com ist die ideale Plattform zur Veröffentlichung von Hausarbeiten, Abschlussarbeiten, wissenschaftlichen Aufsätzen, Dissertationen und Fachbüchern.

Besuchen Sie uns im Internet:

http://www.grin.com/

http://www.facebook.com/grincom

http://www.twitter.com/grin_com

Carl von Ossietzky Universität Oldenburg

Fakultät I: Erziehungs- und Bildungswissenschaften

Sachunterricht / Interdisz. Sachbildung

Basismodul 2 - Lernmethodenportfolio

WS 2005/06

Kinderbuchvorstellung

Tilde Michels

„Es klopft bei Wanja in der Nacht"

verfasst von:

Georg Rabe

Kinderbuchvorstellung

Das Buch „Es klopft bei Wanja in der Nacht" wurde von Tilde Michels geschrieben und ist mit Illustrationen von Reinhard Michl ausgeschmückt. Veröffentlicht wurde es erstmals 1985 im Ellermann Verlag und ist seitdem in mehr als einem Dutzend Auflagen erschienen (z.B. auch im dtv – Deutscher Taschenbuch Verlag).[1] Zudem ist es als Hörbuch auf CD und MC erhältlich und wird regelmäßig in Figurentheatern überall in Deutschland aufgeführt.[2] Ausgezeichnet wurde das Buch sowohl mit dem deutschen Jugendliteraturpreis als auch mit dem Gustav-Heinemann-Friedenspreis.[3] Die mir vorliegende Ausgabe stammt aus dem Jahr 1985.

Sachanalyse – Aufbau und Inhalt des Buches

Das Buch enthält eine Geschichte, die 21 nicht nummerierte Seiten umfasst. Jede Seite enthält entweder einen Teil des Textes (der in Versen geschrieben ist), eine Illustration oder eine Kombination aus beidem. Die Geschichte spielt in einem Haus, das an einem Waldrand liegt und von einem Mann namens Wanja bewohnt wird. In einer Nacht mit eisigen Temperaturen, in der zusätzlich ein Schneesturm wütet, klopfen nacheinander ein Hase, ein Fuchs und ein Bär an der Tür des schlafenden Wanja und bitten jeweils um Einlass und Beherbergung für die Nacht. Wanja gewährt den Tieren Unterschlupf, da ersichtlich ist, dass die Kälte allen dreien drastisch zusetzt. Zwar sind sich die Tiere der Reihenfolge der Nahrungskette und somit der eigentlich herrschenden Feindschaft untereinander bewusst, doch Fuchs und Bär versichern, niemandem ein Leid anzutun. Doch am nächsten Morgen wird die Sorge um die eigene Haut bei allen Tieren (der Bär hat Angst vor Wanja, der Jäger zu sein scheint) derart groß, dass sie, einer nach dem anderen, das Haus schleunigst wieder verlassen.

Didaktische Analyse

„Es klopft bei Wanja in der Nacht" ist sowohl zum Vorlesen als auch zum selber Lesen geeignet. Die Art der Verwendung hängt somit von der pädagogischen Intention ab. Zum einen ermöglicht die bildhafte Sprache den Kindern, sich in die Geschichte hineinzuversetzen, wodurch die Fantasie und das Vorstellungsvermögen gefördert werden. Die auf das Wesentliche

---

[1] Vgl. www.dtv.de/buecher/es_klopft_bei_wanja_in_der_nacht_7986.html (10.02.2006)
[2] Vgl. www.amazon.de/klopft-bei-Wanja-Nacht-Geschichte/dp/3770762584 (10.02.2006)
[3] Vgl. www.frieden-fragen.de/10070.html (11.02.2006)

1

beschränkten und mit weichen Farben illustrierten Bilder können dabei als Fantasieanregung, aber auch zur Verdeutlichung bestimmter Aspekte der Geschichte (z.B. die klirrende Kälte, die gemütliche Wohnung, die Angst des Hasen) durch deren Darstellung dienen. Auf der anderen Seite können gerade die eindeutigen und Atmosphäre vermittelnden Bilder die Lust, das Buch selbst zu lesen, intensivieren. Abgesehen von einigen Wörtern, die Kinder, die Deutsch nicht als Muttersprache haben, ohne Erklärung möglicherweise nicht verstehen (z.B. „verzehren", „behaglich", „ein Scheit"), ist der Text durch einfache Wortwahl gut zu lesen und zu begreifen. Ein weiteres Merkmal der Geschichte, das Kinder sehr anspricht, ist ihre Verfasstheit in die unkomplizierte Reimform von Paarreimen. Lediglich an manchen Stellen des Textes erfordert ein Satz, aufgrund seiner sich zwingend reimenden Satzstruktur, ein zweimaliges Lesen.

Kinder im Grundschulalter sind im Allgemeinen sehr interessiert an dem Spiel mit Reimen. Insofern würde sich die Geschichte um Wanja beispielsweise dazu eignen, sie unter der Verwendung von Reimen mit Kindern mündlich fortzusetzen und so gemeinsam ein alternatives Ende der Geschichte zu entwickeln. Die Thematik der Geschichte bietet vielfältige Anwendungsgebiete für das Buch (die ich hier aufgrund der Seitenbeschränkung nur skizziere), z.B. bei Themen wie Feindschaft, Solidarität, aber auch Unwetter, Winter und das Tierreich.

Methodischer Vorschlag

Aus der Vielzahl an methodischen Vorschlägen, die sich aus der Textstruktur und der Thematik der Geschichte entwickeln lassen, wähle ich exemplarisch einen, bei dem das Interesse der Kinder an Reimen sowie ihre Freude an Rollenspielen in aktives Handeln umgesetzt werden. Nötig dafür ist eine Kleingruppe, die daran interessiert ist „Es klopft bei Wanja in der Nacht" im Rahmen eines Projekts als kleines Theaterstück aufzuführen (z.B. in einer Arbeitsgemeinschaft). Im Vorfeld sollte das Buch (vor-)gelesen, dessen Inhalt besprochen und somit allen Teilnehmern verständlich geworden sein. Die Kinder, die in der späteren Aufführung als Akteure fungieren, sollten Spaß an der mündlichen Wiedergabe der Verse haben. Um dies zu erreichen oder, wenn bereits vorhanden, zu verstärken, werden mit den Kindern spielerisch eigene Reime zu Teilen der Geschichte erfunden und einander vorgetragen. Für die Aufführungen werden die Inquit-Formeln („Der knurrt", „Da schreit der Hase") aus dem Text entfernt, damit die einzelnen Absätze (ausschließlich in Form von 4-Zeilern vorliegend) von den Darstellern der Tiere / dem Erzähler gesprochen werden können. Ein 4-Zeiler, der in der Geschichte kontinuierlich wiederkehrt (*„Der Has [Fuchs/Bär] streckt sich behaglich aus. Bald* *wird es still im kleinen Haus. Auch Wanja deckt sich wieder zu: >Gut Nacht und angenehme Ruh!<"*) wird von allen Kindern im Chor vorgetragen, um so alle Teilnehmer in die Vorführung einzubinden. Zudem wird auf diese Weise die Wirkung der Aufführung verstärkt und die Darsteller der Tiere und Wanjas im Umfang ihrer Texte entlastet. Gemeinsame Aufgabe aller Beteiligten sind die Gestaltung des Bühnenbilds, was sich kleinstmöglich aus einem Raum mit Tür, dem verschneiten Drumherum und deren Ausstattung zusammensetzt, und das Anfertigen von Kostümen (zumindest Masken) für Tierfiguren und Wanja. Die Aufführung vor einem selbst gewählten Publikum (Mitschüler, Freunde, Eltern, o.ä.) kann auf Video aufgezeichnet werden, um diese als Abschluss des Projekts gemeinsam zu reflektieren und natürlich auch zu würdigen.

Literatur- und Quellenangaben

Literatur

- Michels, Tilde (1985): Es klopft bei Wanja in der Nacht. 5. Auflage. München: Heinrich Ellermann

Internet

- www.frieden-fragen.de/10070.html (11.02.2006)
- www.dtv.de/buecher/es_klopft_bei_wanja_in_der_nacht_7986.html (10.02.2006)
- www.amazon.de/klopft-bei-Wanja-Nacht-Geschichte/dp/3770762584 (10.02.2006)